Sebastian Barta

BBGB | Rechtsanwälte Grundlagenskripte zum Zivil- und Wirtschaftsrecht

Band 3

BGB Allgemeines Schuldrecht

GRIN Verlag

Bibliografische Information der Deutschen Nationalbibliothek:

Die Deutsche Bibliothek verzeichnet diese Publikation in der Deutschen National-
bibliografie; detaillierte bibliografische Daten sind im Internet über http://dnb.d-
nb.de/ abrufbar.

Impressum:

Copyright © 2011 GRIN Verlag GmbH
Druck und Bindung: Books on Demand GmbH, Norderstedt Germany
ISBN: 978-3-640-78070-9

GRIN - Your knowledge has value

Der GRIN Verlag publiziert seit 1998 wissenschaftliche Arbeiten von Studenten, Hochschullehrern und anderen Akademikern als eBook und gedrucktes Buch. Die Verlagswebsite www.grin.com ist die ideale Plattform zur Veröffentlichung von Hausarbeiten, Abschlussarbeiten, wissenschaftlichen Aufsätzen, Dissertationen und Fachbüchern.

Besuchen Sie uns im Internet:

http://www.grin.com/

http://www.facebook.com/grincom

http://www.twitter.com/grin_com

BGB Allgemeines Schuldrecht

BBGB | Rechtsanwälte Grundlagenskripte zum Zivil- und
Wirtschaftsrecht

Band 3

Sebastian Barta

1. Auflage 2011

Inhaltsverzeichnis

A. Das Schuldverhältnis

Die erste Norm im zweiten Buch des BGB zum Schuldrecht, § 241 BGB, benennt in Abs. 1 S. 1 als Inhalt des Schuldverhältnisses die Pflicht des Schuldners, eine Leistung zu erbringen, die gemäß S. 2 in einem Tun oder Unterlassen bestehen kann. Diese Hauptleistungspflicht gibt dem Vertrag seine Prägung und ist der eigentliche Sinn des Vertrages, siehe z.b. für den Kaufvertrag § 433 Abs. 1 S. 1 BGB mit der Hauptleistungspflicht des Verkäufers und § 433 Abs. 2 BGB mit der des Käufers. Stehen wie bei einem Kaufvertrag die Hauptleistungspflichten in einem Gegenseitigkeitsverhältnis (Synallagma), d.h. eine Verpflichtung wird um der anderen Willen eingegangen, handelt es sich um einen sog. gegenseitigen oder synallagmatischen Vertrag.

Neben diese Hauptleistungspflicht treten regelmäßig Nebenleistungspflichten, die zwar auch selbständig einklagbar sind, aber nur die Hauptleistung unterstützen sollen (z.b.: Auskunftspflicht). Besonders betont werden durch § 241 Abs. 2 BGB die Schutzpflichten der Parteien untereinander, die sie zur Rücksichtnahme auf die Rechte, Rechtsgüter und Interessen des anderen Teils verpflichten. Schutzpflichten sind nicht selbständig einklagbar, ihre Verletzung kann aber Schadensersatzansprüche auslösen oder ein Rücktrittsrecht begründen. Sie treten, wie sich schon aus der Stellung ihrer Regelung unmittelbar nach der Leistungspflicht ergibt, meist neben diese, können aber auch unabhängig von ihr bestehen (siehe § 311 Abs. 2 BGB).

Die nach dem Vertrag von den Parteien jeweils zu erbringende Leistungspflicht nennt man Primärleistungspflicht in Abgrenzung zur Sekundärleistungspflicht, die bei einer Störung der Leistung entsteht. Sekundärleistungspflichten können neben oder an die Stelle der Primärleistungspflicht treten.

Mit der Entstehung von Schuldverhältnissen, insbesondere dem Vertragsschluss, haben wir uns im Grundlagenskript zu den Regelungen des Allgemeinen Teils des BGB beschäftigt. Während die konkrete Benennung der jeweiligen Hauptleistungspflichten im Besonderen Schuldrecht in den §§ 433 – 853 BGB erfolgt, enthält das Allgemeine Schuldrecht, mit dem wir uns nun beschäftigen wollen, entsprechend seiner Stellung im Gesetz die allgemein für alle Schuldverhältnisse geltenden Regelungen. Sie definieren

Grundbegriffe und benennen Nebenleistungspflichten und Leistungsmodalitäten und regeln das Erlöschen von Schuldverhältnissen. Zentraler Inhalt ist jedoch die Leistungsstörung und die damit verbundene Sekundärleistungspflicht.

B. Regelungen zum Inhalt des Schuldverhältnisses

I. Gegenstand der Leistungspflicht

Die Leistungspflicht kann verschiedene Inhalte haben, bei einem Vertrag je nachdem was die Parteien vereinbart haben (z.b. Übereignung und Übergabe einer Sache (vgl. § 433 Abs. 1 S. 1 BGB), Übertragung eines Rechts, Herbeiführung eines tatsächlichen Erfolges, Vornahme einer Handlung usw.).

Verträge über eine Sache (z.b. Kauf-, Miet- oder Schenkungsvertrag) können sich auf eine bestimmte Sache oder eine beliebige Sache aus einer Gattung beziehen. Aus dem vereinbarten Leistungsgegenstand folgt jeweils die Leistungspflicht.

1. **Stückschuld**: Bestimmen die Parteien im Kaufvertrag als Kaufsache eine konkrete individuelle Sache (z.B. einen Gebrauchtwagen mit einer bestimmten Fahrgestellnummer), muss der Schuldner diese bestimmte konkrete Sache übergeben und übereignen und kann den Vertrag, seine Leistungspflicht nur hierdurch erfüllen.

2. **Gattungsschuld**: Vereinbaren die Vertragsparteien im Kaufvertrag, dass der Verkäufer die Kaufsache nur nach seinen Gattungsmerkmalen (z.B. Neuwagen der Marke „BMW") erbringen muss, muss er einen Gegenstand aus der Gattung – und zwar gemäß § 243 Abs. 1, 2. HS BGB von mittlerer Art und Güte – übergeben und übereignen.

Gemäß § 243 Abs. 2 BGB wird die Gattungsschuld zur Stückschuld, wenn der Verkäufer alles seinerseits Erforderliche getan hat. Was das Erforderliche ist, hängt von dem Leistungsort ab (siehe dazu sogleich unter II. 1). Die Konkretisierung führt dazu, dass der Schuldner nicht mehr einen oder mehrere Gegenstände aus der Gattung schuldet, sondern nur den konkret ausgesonderten.

Einen Sonderfall der Gattungsschuld bildet die Vorratsschuld, bei der nicht Gegenstände aus der Gesamtgattung, sondern nur aus dem Vorrat des Verkäufers geschuldet werden.

II. Form der Leistung

1. Leistungsort

Der Ort an dem der Schuldner seine Leistungshandlung zu erbringen hat wird Leistungsort genannt. Er ist gemäß der Vermutung in § 269 Abs. 1 u. Abs. 2 BGB soweit nichts anderes vereinbart noch bestimmt ist, der Wohnsitz bzw. die gewerbliche Niederlassung des Schuldners. Von dem Leistungsort ist der Erfolgsort zu unterscheiden, an dem der Leistungserfolg eintritt. Beide sind getrennt für jede einzelne vertragliche Pflicht zu ermitteln und können zusammen- oder auseinanderfallen. Entscheidend ist, ob eine Bring-, Hol- oder Schickschuld vorliegt.

a) Bei einer **Holschuld** liegen Leistungs- und Erfolgsort beim Schuldner (Der Käufer holt die Kaufsache beim Verkäufer ab).

b) Bei einer **Bringschuld** liegen Leistungs- und Erfolgsort beim Gläubiger (Der Verkäufer bringt die Kaufsache dem Käufer nach Hause).

c) Bei einer **Schickschuld** fallen Leistungs- und Erfolgsort auseinander (Der Verkäufer erbringt seine Leistungshandlung indem er die Kaufsache dem Transporteur übergibt, der Erfolg tritt erst mit Ablieferung bei dem Käufer ein).

In § 269 Abs. 3 BGB enthält das Gesetz eine Vermutung gegen die Bringschuld und damit zugunsten der Schickschuld. Für Geldschulden schreibt § 270 Abs. 1 BGB anders als bei der gewöhnlichen Schickschuld vor, dass der Schuldner die Gefahr der Übermittlung trägt, mithin der Erfolg erst am Wohnsitz des Gläubigers eintritt, weshalb man Geldschulden auch als „qualifizierte Schickschulden" bezeichnet.

2. Leistungszeit

Für die Leistungszeit gelten folgende Begriffe:

a) Als **Fälligkeit** bezeichnet man den Zeitpunkt, zu dem der Schuldner leisten muss.

b) Als **Erfüllbarkeit** bezeichnet man den Zeitpunkt, ab dem der Schuldner die Leistung bewirken darf.

§ 271 Abs. 1 BGB schreibt hier ähnlich der Regelung zum Leistungsort vor, dass soweit nichts anderes vereinbart noch bestimmt ist, die Leistung sofort erbracht werden kann und auch muss. Für die vertragliche Bestimmung der Leistungszeit stellt § 271 Abs. 2 BGB die gesetzliche Vermutung auf, dass der Gläubiger die Leistung vor diesem Zeitpunkt nicht verlangen, der Schuldner sie aber erfüllen kann.

III. Gefahrtragung für die Leistungen

Den Regelungen über den Gegenstand, die Form und die Zeit der Leistung kommt wesentliche Bedeutung für die Risikoverteilung im Schuldverhältnis zu. Es geht dabei um die Frage, wer die Leistungs-, die Verspätungs- und die Gegenleistungs- oder Preisgefahr trägt.

1. **Leistungsgefahr**: Trägt der Schuldner die Leistungsgefahr, so muss er erneut leisten, wenn die Sache vor der Erfüllung untergeht. Dies ist ihm bei einer Stückschuld grundsätzlich unmöglich. Deshalb sieht § 243 Abs. 2 BGB für die Gattungsschuld auch vor, dass mit der Konkretisierung die Leistungsgefahr auf den Gläubiger übergeht. Ebenso geht gemäß § 300 Abs. 2 BGB beim Gläubigerverzug (siehe dazu unten unter D. VIII.) bei einer Gattungsschuld die Leistungsgefahr auf den Gläubiger über. Bei Geldschulden geht gemäß § 270 Abs. 1 BGB trotz bereits erfolgter Konkretisierung die Gefahr erst mit Ankunft des Geldes beim Gläubiger auf ihn über.

2. **Verspätungsgefahr**: derjenige, der die Verspätungsgefahr trägt, muss für die Folgen einer Verspätung der Leistung aufkommen.

3. **Gegenleistungs- oder Preisgefahr**: Trägt der Gläubiger die Preisgefahr, muss er auch dann für die Leistung des Schuldners zahlen, wenn er sie nicht erhält. Verspätungsgefahr und Gegenleistungs- oder Preisgefahr werden vom Gesetz im Rahmen der Leistungsstörungen behandelt, weshalb die Einzelheiten dort dargestellt werden (s.u. unter D.).

C. Erlöschen des Schuldverhältnisses

Das Erlöschen von Schuldverhältnissen ist im vierten Abschnitt in den §§ 362 – 397 BGB geregelt. Die wichtigsten Erlöschensregelungen werden hier kurz vorgestellt.

I. Erfüllung

Gemäß § 362 Abs. 1 BGB erlischt das Schuldverhältnis, wenn die geschuldete Leistung an den Gläubiger bewirkt wird. Bewirken der Leistung bedeutet, dass der Leistungserfolg herbeigeführt wird. Ob hierfür nur eine Handlung vorgenommen werden muss oder ob auch ein Erfolg geschuldet ist, ergibt sich aus dem Vertragstyp. So wird etwa bei einem Dienstvertrag nur eine Tätigkeit geschuldet, beim Werkvertrag dagegen ein Erfolg, sodass erst mit dessen Eintritt die geschuldete Leistung bewirkt wird.

1. Empfangszuständigkeit

Die Leistung wird dabei regelmäßig an den Gläubiger erfolgen. Er muss deshalb empfangszuständig sein. Die Empfangszuständigkeit fehlt, wenn der Gläubiger nicht verfügungsbefugt ist (vgl. etwa § 2211 BGB). Ferner fehlt sie beim Minderjährigen, wenn der gesetzliche Vertreter der Erfüllung nicht zustimmt.

Gemäß §§ 362 Abs. 2, 185 BGB ist auch ein Dritter empfangszuständig, wenn der Gläubiger mit der Leistung an einen Dritten einverstanden ist. Eine Einwilligung gemäß § 185 Abs. 1 BGB nennt man Empfangsermächtigung.

2. Tilgungsbestimmung

Bestehen zwischen Schuldner und Gläubiger mehrere Schuldverhältnisse, erfolgt gemäß § 366 Abs. 1 BGB die Bestimmung der zu tilgenden Forderung durch Tilgungsbestimmung des Schuldners. Fehlt diese gibt § 366 Abs. 2 BGB (lesen!) eine Reihenfolge vor. Schuldet der Schuldner in einem Schuldverhältnis außer der Hauptleistung Kosten und Zinsen, wird gemäß § 367 Abs. 1 BGB seine Leistung zunächst auf diese angerechnet (Ausnahme gemäß § 497 Abs. 3 S. 1 BGB beim Verbraucherdarlehensvertrag).

Die Leistung muss nicht vom Schuldner selbst, sondern kann gemäß § 267 Abs. 1 BGB wenn nichts anders vereinbart oder es durch die Natur des Schuldverhältnisses ausgeschlossen ist von einem Dritten erbracht werden. Gemäß § 267 Abs. 2 BGB kann der Gläubiger die Leistung ablehnen, wenn der Schuldner der Tilgung durch den Dritten widerspricht.

II. Annahme an Erfüllungs Statt

Nimmt der Gläubiger eine andere als die aus dem Schuldverhältnis geschuldete Leistung entgegen, ist nach der Regelung in § 364 BGB zwischen der Annahme der Leistung an Erfüllungs statt und erfüllungshalber zu unterscheiden.

1. Leistung an Erfüllungs Statt

Gemäß § 364 Abs. 1 BGB erlischt das Schuldverhältnis, wenn der Gläubiger anstelle der geschuldeten Leistung eine andere als Erfüllung akzeptiert. In diesem Fall akzeptiert der Gläubiger die andere Leistung erst nach Vertragsschluss. Wird diese bereits vorher vereinbart, liegt eine Ersetzungsbefugnis zugunsten des Schuldners vor.

Ist der an Erfüllungs statt geleistete Gegenstand mangelhaft, so haftet der Schuldner gemäß § 365 BGB für den Mangel wie ein Verkäufer.

2. Leistung Erfüllungshalber

Gemäß § 364 Abs. 2 BGB liegt eine Leistung nur erfüllungshalber vor, wenn der Gläubiger verspricht, zunächst eine andere Leistung zu akzeptieren. Währenddessen ist die Durchsetzung der ursprünglichen Leistung ausgeschlossen. Häufig handelt es sich hier um den Fall, dass der Gläubiger eine andere Forderung gegen einen Dritten akzeptiert und aus dieser vorgeht. Wird diese Forderung erfüllt, erlischt damit die ursprüngliche Forderung. Ist sie uneinbringlich, kann der Gläubiger wieder die geschuldete Leistung fordern.

III. Aufrechnung

Besteht zwischen den Parteien eines Schuldverhältnisses mindestens ein weiteres in umgekehrter Rollenverteilung, sieht das Gesetz in den §§ 387ff. BGB Regelungen zur Aufrechnung der Forderungen vor, um ein Hin- und Herzahlen zu vermeiden oder einer Partei die Tilgung von Schulden zu ermöglichen, wenn die andere Partei zahlungsunfähig oder –unwillig ist.

Die Aufrechnung erfordert eine einseitige Erklärung gegenüber der anderen Partei (§ 388 Abs. 1 S. 1 BGB). Es findet also anders als beim Kontokorrent keine automatische Verrechnung gegenseitiger Forderungen statt (siehe § 355 Abs. 1 HGB). Die Zustimmung der anderen Partei ist nicht erforderlich. Mit der Aufrechnungserklärung erlöschen gemäß § 389 BGB beide Forderungen, soweit sie einander gegenüberstehen, mit Rückwirkung auf den Zeitpunkt des Entstehens der Aufrechnungslage.

Damit ergibt sich folgendes Prüfungsschema:

1. Der Gläubiger der Hauptforderung muss gemäß § 387 BGB zugleich Schuldner der Gegenforderung sein (siehe besonders § 406 BGB).
2. Der Gegenstand beider Forderungen muss gemäß § 387 BGB gleichartig sein (z.b. Geldforderung gegen Geldforderung: eine gleiche Höhe der Forderungen ist jedoch nicht erforderlich).
3. Die Hauptforderung muss erfüllbar sein.
4. Die Gegenforderung muss wirksam, fällig und gemäß § 390 BGB einredefrei sein (Ausnahme: § 215 BGB).
5. Die Aufrechnung darf nicht wirksam durch eine Vereinbarung zwischen den Parteien oder durch Gesetz (etwa §§ 393, 394 BGB) ausgeschlossen sein.
6. Die Aufrechnung muss ohne Bedingung oder Zeitbestimmung erklärt werden (§ 388 Abs. 1 u. 2 BGB).

IV. Abtretung von Forderungen

1. Abtretungsvertrag

Forderungen aus Schuldverhältnissen können von einer Person auf eine andere Person übertragen werden. Die Abtretung einer Forderung ist damit nichts anderes als die Übereignung einer Mobilie. Mit ihr verfügt der Forderungsinhaber über seine Forderung, indem er sie auf einen anderen überträgt. Entsprechend bedarf es hierfür gemäß § 398 S. 1 BGB eines (Verfügungs-)Vertrages. Streng genommen ist die Regelung der Abtretung im Schuldrecht also falsch, würde eigentlich ins Sachenrecht gehören, da es sich bei der Abtretung einer Forderung um eine dingliche Verfügung handelt. Tradiert nennt man denjenigen, der die Forderung abtritt, Zedent und denjenigen, der sie erwirbt, Zessionar.

2. Gutgläubiger Erwerb

Anders als bei den sonstigen dinglichen Rechtsgeschäften gibt es bei der Forderungsabtretung jedoch keinen gutgläubigen Erwerb. Dies erklärt sich daraus, dass bei Forderungen anders als bei beweglichen Sachen (Besitz) und bei Grundstücken (Grundbuch) kein Rechtsscheinträger vorhanden ist, auf den der Erwerber vertrauen könnte. Letztlich vertraut er nur auf das, was ihm der Zedent erzählt. Ein gutgläubiger Erwerb ist deshalb nur dann ausnahmsweise nach § 405 BGB möglich, wenn eine

Urkunde über die Forderung ausgestellt wurde, mit der Verbriefung somit wieder ein Rechtsscheinträger vorhanden ist.

3. Rechte des Schuldners

Bei der Abtretung einer Forderung ist der Schuldner ganz besonders gefährdet. Er läuft zum einen Gefahr, Einreden gegen seinen bisherigen Gläubiger gegenüber dem neuen Gläubiger zu verlieren. Zum anderen ist es möglich, dass er in Unkenntnis der Abtretung noch an den bisherigen Gläubiger zahlt und diese Zahlung dem neuen Gläubiger gegenüber aber nicht wirkt, da eine Erfüllung gemäß § 362 Abs. 1 BGB eine Leistung an den „aktuellen" Gläubiger erfordert, der dann empfangszuständig ist.

Aus diesem Grund enthält das Gesetz in den §§ 404ff. BGB Vorschriften, die die Rechte des Schuldners schützen sollen.

Nach § 404 BGB kann der Schuldner so diejenigen Einwendungen, die ihm gegen den Altgläubiger zustanden, auch dem Neugläubiger entgegenhalten. Nach § 406 BGB kann der Schuldner eine ihm gegen den bisherigen Gläubiger zustehende Forderung unter den angeführten Bedingungen auch dem neuen Gläubiger gegenüber aufrechnen.

Vor allem aber muss der Neugläubiger sich gemäß § 407 Abs. 1 BGB auch eine Rechtshandlung, die der Schuldner gegenüber dem Altgläubiger vornimmt, dann gegen sich gelten lassen, wenn der Schuldner noch nichts von der Abtretung wusste. Den Hauptanwendungsfall hierfür bildet die Zahlung an den Altgläubiger. Hiervon kann sich der Neugläubiger nur durch eine Abtretungsanzeige nach § 409 Abs. 1 S. 1 BGB befreien.

D. Leistungsstörungen

I. Systematik

Das Leistungsstörungsrecht enthält in den §§ 275 – 304 u. 323 – 326 BGB Regelungen für den Fall, dass eine Pflicht aus einem Schuldverhältnis nicht ordnungsgemäß erfüllt wird. Zu klären sind dann im Wesentlichen drei Punkte:

1. Was geschieht mit der vereinbarten ursprünglichen Leistungspflicht (Primärleistungspflicht) des Schuldners?

2. Erhält die andere Partei für die ihr daraus entstehenden Beeinträchtigungen einen Anspruch auf Ersatz gegen die Partei, die ihre Leistungspflicht nicht ordnungsgemäß erfüllt hat, entsteht somit korrelierend eine Sekundärleistungspflicht der anderen Partei (Pflicht ggf. Schadensersatz, Aufwendungsersatz zu leisten und das bereits Empfangene zurückzugeben)?

3. Welche Auswirkungen hat im gegenseitigen Vertrag die nicht ordnungsgemäße Leistungserbringung der einen Partei für die Pflicht der anderen Partei ihrerseits ihre Leistung zu erbringen (Gegenleistungspflicht)?

Zu 1. Die Frage nach der Auswirkung auf die Primärleistungspflicht ist bei der Prüfung des einzelnen Anspruchs entweder beim Punkt „nicht erloschen" (§ 275 Abs. 1 BGB lesen!) oder „durchsetzbar" (§ 275 Abs. 2 u. 3 BGB lesen!) zu erörtern.

Zu 2. Die Frage nach einer Sekundärleistungspflicht ist die Frage nach einem eigenen einzelnen Anspruch, der das Anspruchsziel Schadens- oder Aufwendungsersatz für die entstandenen Beeinträchtigungen gewährt, es erfolgt also eine eigenständige Anspruchsprüfung für die andere Partei (siehe bereits vorab §§ 280 Abs. 1 u. 280 Abs. 2 i.V.m 286 u. 280 Abs. 3 BGB lesen!).

Zu 3. Die Frage nach der Auswirkung auf die Gegenleistungspflicht in einem gegenseitigen Vertrag regelt § 326 BGB (lesen!).

II. Befreiung von der Primärleistungspflicht

Von Niemandem kann etwas Unmögliches verlangt werden, es macht deshalb auch keinen Sinn, die primäre Leistungspflicht des Schuldners aufrecht zu erhalten, wenn ihm diese unmöglich ist. Zentrales Kriterium für die Befreiung des Schuldners von der Primärleistungspflicht ist somit die Unmöglichkeit.

1. Echte Unmöglichkeit gemäß § 275 Abs. 1 BGB

Gemäß § 275 Abs. 1 BGB ist der Anspruch auf Leistung ausgeschlossen, wenn die Leistung für den Schuldner oder für jedermann unmöglich ist. § 275 Abs. 1 BGB erfasst wie durch die Formulierung „oder für jedermann" zum Ausdruck kommt, die "echte", d.h. die physische und rechtliche Unmöglichkeit.

a) Physische Unmöglichkeit

Physische Unmöglichkeit meint die Fälle, in denen die Erbringung der Leistung naturgesetzlich unmöglich ist. Dies ist gegeben, bei einer Stückschuld durch Zerstörung des Leistungsgegenstands, bei der Gattungsschuld durch Zerstörung der gesamten Gattung bzw. durch Zerstörung der ausgesonderten Sache nach Konkretisierung. Ferner immer dann, wenn der Gegenstand an dem die Leistung erbracht werden soll untergegangen ist.

Nach dem Wortlaut des § 275 Abs. 1 BGB stellt sich die Frage, ob auch die subjektive Unmöglichkeit, also das Unvermögen des Schuldners zur Befreiung von der Primärleistungspflicht führt. Durch die Gleichsetzung zwischen „Schuldner" und „jedermann" ist davon auszugehen, dass für ein der echten Unmöglichkeit gleichstehendes Unvermögen erforderlich ist, dass sich der Schuldner den Gegenstand unmöglich verschaffen kann. Kann der Schuldner sich den Leistungsgegenstand wieder verschaffen oder die Leistung, wenn auch unter erheblichem Aufwand, noch erbringen, dann greift ggf. § 275 Abs. 2 BGB (dazu sogleich).

Der Unterschied § 275 Abs. 1 zu Abs. 2 u. 3 BGB besteht darin, im Fall des Abs. 1 das Gesetz den Ausschluss der Leistungspflicht anordnet, der Anspruch des Gläubiger bzw. der anderen Partei auf Erfüllung der Primärleistungspflicht erlischt. In den Fällen der Abs. 2 u. 3 erhält der Schuldner nur eine Einrede, auf die er sich berufen muss und die dann dazu führt, dass der Anspruch auf die Primärleistung nicht durchsetzbar ist. Da in diesen Fällen keine echte Unmöglichkeit vorliegt, soll dem Schuldner immer dann, wenn die Leistung theoretisch noch möglich wäre, die Möglichkeit zur Erfüllung nicht genommen werden.

b) Rechtliche Unmöglichkeit

Eine rechtliche Unmöglichkeit liegt immer dann vor, wenn die Leistungserbringung dem Schuldner untersagt wird, oder der gewollte Erfolg durch die Leistungshandlung nicht erzielt werden kann. Bsp.: Es besteht ein Arbeitsverbot oder der Käufer hat den Leistungsgegenstand bereits von einem Dritten übergeben und übereignet bekommen.

2. Faktische Unmöglichkeit gemäß § 275 Abs. 2 BGB

Mit dem Begriff der „faktischen" Unmöglichkeit werden die Fälle bezeichnet, in denen die Leistungserbringung dem Schuldner zwar theoretisch noch möglich ist, jedoch von keinem Gläubiger ernsthaft erwartet werden kann. Bei der Gegenüberstellung von Aufwand des Schuldners und Interesse des Gläubigers muss sich ein „grobes Missverhältnis" ergeben. Wann dies der Fall ist, lässt sich nicht abstrakt bestimmen, sondern erfordert eine Interessenabwägung im Einzelfall. Zu Lasten des Schuldners ist nach § 275 Abs. 2 S. 2 BGB zu berücksichtigen, ob er die Unmöglichkeit zu vertreten hat.

3. Unmöglichkeit bei höchstpersönlicher Leistungspflicht gemäß § 275 Abs. 3 BGB

Erfasst werden sollen durch diese Vorschrift im Gegensatz zu § 275 Abs. 2 BGB die Fälle, in denen persönliche Umstände dem Schuldner die Leistungserbringung unmöglich machen. Wichtige Fallgruppe ist die sog. „psychische Unmöglichkeit", etwa wenn eine Sängerin sich weigert aufzutreten, weil ihr Kind lebensgefährlich erkrankt ist.

III. Schadens- und Aufwendungsersatz

Die zentrale Anspruchsgrundlage für Schadens- und Aufwendungsersatz ist § 280 Abs. 1 BGB. Zahlreiche Vorschriften zu einzelnen Vertragstypen, für den Kaufvertrag etwa § 437 Nr. 3 BGB und für den Werkvertrag § 634 Nr. 4 BGB, verweisen für einen Schadens- oder Aufwendungsersatzanspruch wegen mangelhafter Leistung auf diese Regelung (Beachte: Es gibt aber auch abweichende Spezialregeln: etwa für den Mietvertrag § 536a BGB)

1. Voraussetzungen für einen Schadensersatzanspruch

a) Bestehen eines Schuldverhältnisses

Ein Anspruch nach § 280 Abs. 1 BGB setzt zunächst ein bestehendes Schuldverhältnis voraus. Besteht dies nicht, so kommen nur gesetzliche Schadensersatzansprüche (etwa § 823 Abs. 1 BGB) in Betracht. Für ein bestehendes Schuldverhältnis bildet § 280 Abs. 1 BGB die Anspruchsgrundlage für sämtliche Pflichtverletzungen:

aa) Verletzung der vertraglichen primären Hauptleistungs- oder hierfür evtl. bestehender Nebenleistungspflichten (siehe dazu oben unter A.).

bb) Verletzung einer vertraglichen Schutzpflicht (§ 241 Abs. 2 BGB lesen!). In Betracht kommt hier aber auch schon eine Verletzungshandlung bereits im Zeitpunkt der Vertragsanbahnung, die sog. culpa in contrahendo gemäß §§ 311 Abs. 2 o. 3, 280 Abs. 1, 241 Abs. 2 BGB (s.u. unter IV.).

b) Pflichtverletzung

Vorliegen muss weiter eine Pflichtverletzung, d.h. ein objektiv nicht dem Schuldverhältnis entsprechendes Verhalten des Schuldners. Hierfür sind somit stets die konkrete Pflicht und deren Verletzung zu benennen. Sofern das Gesetz besondere Voraussetzungen für die betreffende Pflichtverletzung formuliert, sind diese vorrangig zu prüfen: Etwa der Sachmangel für den Kaufvertrag gemäß § 434 BGB oder für den Werkvertrag gemäß § 634 Abs. 2 BGB.

c) Vertretenmüssen gemäß §§ 276ff. BGB

Aus § 280 Abs. 1 S. 2 BGB folgt, dass dem Gläubiger nur dann ein Schadens- oder Aufwendungsersatzanspruch gegen den Schuldner zusteht, wenn er seine Pflichtverletzung zu vertreten hat. Gleichzeitig begründet die negative Formulierung in § 280 Abs. 1 S. 2 BGB die Vermutung, der Schuldner habe seine Pflichtverletzung zu vertreten. (Wesentliche Konsequenz hat dies im Prozess: Dort trägt der Schuldner die Darlegungs- und Beweislast dafür, dass er die Pflichtverletzung nicht zu vertreten hat).

aa) Eigenes Verschulden

Gemäß § 276 Abs. 1 S. 1 BGB hat der Schuldner Vorsatz und Fahrlässigkeit zu vertreten. Vorsatz meint das Wissen und Wollen der Pflichtverletzung. Eine Fahrlässigkeit begeht gemäß § 276 Abs. 2 BGB, wer im Verkehr die erforderliche Sorgfalt außer Acht lässt. Eine strengere oder mildere Haftung kann aber gesetzlich oder vertraglich bestimmt sein (§ 276 Abs. 1 S. 1, 2. HS BGB). Beispiele einer gesetzlichen Bestimmung finden sich in § 287 S. 2 BGB (Zufallshaftung während des Schuldnerverzugs für die Leistungspflicht) und in § 300 Abs. 1 BGB (Haftungsbeschränkung auf grobe Fahrlässigkeit während des Gläubigerverzugs) (zu Schuldner- und Gläubigerverzug siehe unten, unter V. u. VIII.). Vertragliche Haftungsbeschränkungen finden ihre Grenze in § 276 Abs. 3 BGB.

bb) Zurechnung des Verschuldens Dritter

Der Schuldner muss sich gemäß § 278 S. 1 BGB das Verschulden seines gesetzlichen Vertreters und seines Erfüllungsgehilfen wie eigenes Verschulden zurechnen lassen. Als Erfüllungsgehilfe ist dabei jeder Dritte anzusehen, der vom Schuldner im Rahmen eines bestehenden Schuldverhältnisses zur Erbringung einer Pflicht aus diesem Schuldverhältnis eingesetzt wird. Für die Zurechnung muss somit ein sachlicher Zusammenhang zwischen Leistungserbringung und Pflichtverletzung bestehen, ein Verschulden des Erfüllungsgehilfen lediglich bei Gelegenheit der Pflichterfüllung belastet den Schuldner nicht.

2. Schadensersatz statt der Leistung

Bei einer Pflichtverletzung kann der Gläubiger gemäß § 280 Abs. 1 BGB Schadensersatz verlangen. Wie sich aus dem Umkehrschluss aus § 280 Abs. 3 BGB ergibt, ist das grundsätzlich Schadensersatz, der neben den Erfüllungsanspruch tritt, d.h. Primärleistungspflicht und Sekundärleistungspflicht stehen nebeneinander. Der Schadensersatzanspruch kann aber auch an die Stelle des Erfüllungsanspruchs treten. In diesem Fall erlischt die Primärleistungspflicht und die Pflicht des Schuldners beschränkt sich auf die Sekundärleistungspflicht. Die Hierarchie der Norm lässt erkennen, dass die Primärleistungspflicht erfüllt werden, der Schadensersatz statt der Leistung die Ausnahme bilden soll.

a) § 281 BGB

Deshalb verlangt § 281 Abs. 1 S. 1, letzter HS BGB, dass dem Schuldner grundsätzlich eine angemessene Nachfrist zur Leistung gesetzt werden soll, die nur in besonderen Fällen entbehrlich ist. Ist diese erfolglos verstrichen, kann der Gläubiger Schadensersatz statt der Leistung verlangen.

Unter einer Nachfristsetzung ist eine bestimmte und eindeutige Leistungsaufforderung zu verstehen. Die Angemessenheit der Nachfrist bestimmt sich nach den Umständen des jeweiligen Einzelfalls, wobei darauf abzustellen ist, wie lange ein leistungsbereiter Schuldner brauchen würde, um die Leistung zu erbringen. Eine zu kurz gewählte Frist setzt eine angemessene Frist in Gang, ist sie jedoch bereits abgelaufen, bevor der Schuldner von ihr Kenntnis erlangt, ist sie unwirksam. Folglich lässt gemäß § 281 Abs. 4

BGB nicht bereits die Nachfristsetzung, sondern erst das anschließende Schadensersatzverlangen die Primärleistungspflicht entfallen.

Gemäß § 281 Abs. 2 BGB ist die Nachfristsetzung entbehrlich, wenn entweder der Schuldner die Leistung ernsthaft und endgültig verweigert oder besondere Umstände einen sofortigen Schadensersatzanspruch rechtfertigen (Bsp.: Just-in-time-Verträge).

Bei Teilleistung kann der Gläubiger gemäß § 281 Abs. 1 S. 2 BGB Schadensersatz nur hinsichtlich des nicht gelieferten Teils verlangen, es sei denn bei objektiver Betrachtung besteht für ihn kein Interesse an der übrigen Teilleistung (Bsp.: Kauf einer Möbelserie). Eine erbrachte Teilleistung hat er in diesem Fall allerdings gemäß § 281 Abs. 5 BGB zurückzugewähren.

Bei einer Schlechtleistung kann der Gläubiger gemäß § 281 Abs. 1 S. 3 BGB Schadensersatz statt der Leistung nur verlangen, wenn die Pflichtverletzung nicht nur unerheblich ist.

b) § 282 BGB

Die Verletzung von Schutzpflichten gemäß § 241 Abs. 2 BGB führt gemäß § 282 BGB nur ausnahmsweise bei Unzumutbarkeit der Leistungserbringung durch den Schuldner zum Schadensersatz statt der Leistung. An die Stelle der Nachfristsetzung tritt hier regelmäßig die Abmahnung gemäß § 281 Abs. 3 BGB.

c) § 283 BGB

Bei Unmöglichkeit der Leistungserbringung gemäß § 275 Abs. 1 – 3 BGB kann der Gläubiger wie sich aus der fehlenden Verweisung in § 283 S. 2 BGB auf § 281 Abs. 1 S. 1 BGB ergibt, Schadensersatz statt der Leistung ohne weitere Voraussetzungen verlangen, denn hier wäre eine Nachfristsetzung sinnlos.

d) Rechtsfolge

Besteht der Schadensersatzanspruch neben der primären Leistungspflicht, ist die Differenz zwischen der Vermögenslage des Geschädigten bei pflichtgemäßer Erfüllung und der Vermögenslage bei Erfüllung unter Verletzung einer Pflicht auszugleichen.

18

Bei Anspruch auf Schadensersatz statt der Leistung ist der Schuldner verpflichtet, dem Gläubiger den Geldbetrag zu leisten, der seinem Interesse an der Erbringung der ursprünglichen Leistung entspricht. Dieses ergibt sich aus der Differenz zwischen der Vermögenslage des Geschädigten bei pflichtgemäßer Erfüllung und der Vermögenslage bei Pflichtverletzung.

3. Aufwendungsersatz

Gemäß § 284 BGB kann der Gläubiger anstelle des Schadensersatzes statt der Leistung auch Ersatz der Aufwendungen verlangen, die er im Vertrauen auf die Wirksamkeit des Vertrags getätigt hat.

Der Schadensersatz statt der Leistung geht auf das positive Interesse, auf Ersatz der Differenz zwischen der aktuellen Vermögenslage und der hypothetischen Vermögenslage bei ordnungsgemäßer Erfüllung. Mit dem Aufwendungsersatz wird das negative Interesse des Gläubigers ausgeglichen, indem er so gestellt wird, als ob er niemals von dem Geschäft erfahren hätte. Schadensersatz und Aufwendungsersatz schließen sich somit gegenseitig aus wie sich aus der Formulierung „Anstelle" in § 284 BGB klar ergibt. Hieraus folgt auch, dass für den Anspruch auf Aufwendungsersatz sämtliche Voraussetzungen wie für einen Anspruch auf Schadensersatz statt der Leistung (s.o.) vorliegen müssen.

Unter Aufwendungen sind freiwillige Vermögensopfer zu verstehen. Sie müssen im Vertrauen auf den Erhalt der Leistung getätigt worden sein. Sie sind jedoch auch dann gemäß § 284, 2. HS BGB nur ersatzfähig, wenn der Gläubiger sie billigerweise machen durfte und der Zweck der Aufwendung nicht auch ohne die Pflichtverletzung verfehlt worden wäre (Bsp.: Die Hochzeitsfeier hätte ohnehin abgesagt werden müssen, weil sich das Paar vorher getrennt hat).

IV. Culpa in contrahendo

Auch vor oder bei Abschluss eines Vertrages kann es passieren, dass eine Person durch seinen potentiellen Vertragspartner geschädigt wird. Diese Frage wurde schon kurz nach in Kraft treten des BGB als allein von den deliktsrechtlichen Vorschriften erfasst als unzureichend geregelt angesehen. Aufbauend auf der von *Rudolf von Jhering* (1818-1892) entwickelten Lehre von den vorvertraglichen Schutz- und Treuepflichten entwickelte die Rechtsprechung durch Rechtsfortbildung das Rechtsinstitut von der culpa in contrahendo (cic) zu Gewohnheitsrecht.

Danach gilt, dass zwischen den Parteien vorvertragliche Schutz- und Treuepflichten bestehen, deren schuldhafte Verletzung zu einem Schadensersatzanspruch führen kann. Mit dem Gesetz zur Modernisierung des Schuldrechts vom 26.11.2001 erfuhr die culpa in contrahendo eine Teilregelung in § 311 Abs. 2 u. 3 BGB erfahren. Mit dieser Regelung wollte der Gesetzgeber ausdrücklich nur den bisher erreichten Stand der Entwicklung des Rechtsinstituts festhalten, nicht aber deren Fortentwicklung abschneiden oder noch offenen wesentliche Streitfragen entscheiden (*Schapp/Schur*, Einführung in das Bürgerliche Recht, 4. Aufl. 2007, Rn. 299).

1. Voraussetzungen

Durch § 311 Abs. 2 BGB wird bestimmt, dass, obwohl noch keine vertragliche Bindung zwischen den Parteien besteht, ein Schuldverhältnis mit Pflichten nach § 241 Abs. 2 BGB (s.o. unter A.) auch entsteht durch:

a) die Aufnahme von Vertragsverhandlungen, § 311 Abs. 2 Nr. 1 BGB.
b) die Anbahnung eines Vertrages, bei welcher der eine Teil im Hinblick auf eine etwaige rechtsgeschäftliche Beziehung dem anderen Teil die Möglichkeit zur Einwirkung auf seine Rechte, Rechtsgüter und Interessen gewährt oder ihm diese anvertraut, § 311 Abs. 2 Nr. 2 BGB.
c) durch ähnliche rechtsgeschäftliche Kontakte, § 311 Abs. 2 Nr. 3 BGB. Hieraus folgt, dass die in Nr. 1 und 2 genannten Fallgruppen keine abschließende Regelung bilden.

§ 311 Abs. 3 S. 1 BGB sieht weiter vor, dass ein derart begründetes Schuldverhältnis auch im Verhältnis zu Personen entstehen kann, die selbst nicht Vertragspartei werden sollen. Unter welchen Voraussetzungen dies angenommen werden kann wird durch ein Regelbeispiel in § 311 Abs. 3 S. 2 BGB angedeutet, wenn diese Personen aufgrund eines für sich in Anspruch genommenen Vertrauens die Vertragsverhandlungen oder den Vertragsschluss erheblich beeinflusst haben (weiterer Fall z.B. Inanspruchnahme eines besonderen Vertrauen des Dritten für sich selbst).

Neben diesen gesetzlich geregelten Fallgruppen werden von der culpa in contrahendo weitere von der Rechtsprechung entwickelte weiterhin umfasst:

a) Verhinderung eines wirksamen Vertragsschlusses und Abbruch von Vertragsverhandlungen. Dies gilt jedoch nur, wenn bei dem anderen Teil das Vertrauen in den bevorstehenden Abschluss eines Vertrages weckt und dann grundlos die Vertragsverhandlungen abbricht (BGH v. 29.03.1996 - V ZR 332/94, NJW 1996, 1884, 1885).

b) Eine Partei verletzt ihre Pflicht zur sorgfältigen Aufklärung.

c) Verletzung von Schutzpflichtverletzung gegenüber Rechtsgütern des anderen.

2. Rechtsfolge

Als Rechtsfolge ist Schadensersatz zu leisten. Ob der Schadensersatz sich nur auf eine Geldzahlung bezieht oder sich gegebenenfalls auch auf Vertragsaufhebung gerichtet sein kann, lässt der Gesetzgeber offen. Je nach der Art der Pflichtverletzung ist das positive oder negative Interesse, etwa Aufwendungsersatz, zu leisten.

V. Schuldnerverzug

Gemäß § 280 Abs. 2 BGB kann der Gläubiger Schadensersatz wegen der Verzögerung der Leistung unter den zusätzlichen Voraussetzungen des § 286 BGB verlangen. Daraus folgt zunächst, dass für einen Anspruch die Voraussetzungen des § 280 Abs. 1 BGB vorliegen müssen (s.o. unter III. 1.), wobei die Pflichtverletzung in der Nichtleistung trotz Möglichkeit, der Leistungsverspätung liegt. Es muss also ein fälliger Anspruch entstanden, nicht erloschen und durchsetzbar sein.

1. Mahnung oder deren Entbehrlichkeit

Gemäß § 286 Abs. 1 BGB setzt Verzug eine Mahnung des Schuldners voraus. Eine **Mahnung** ist eine einseitige, empfangsbedürftige eindeutige Aufforderung zur Leistungserbringung an den Schuldner. Sie ist formfrei, muss aber unzweifelhaft zum Ausdruck bringen, dass der Gläubiger die Leistung verlangt. Die Mahnung muss grundsätzlich nach Fälligkeit erfolgen, kann aber mit der fälligkeitsbegründenden Handlung verbunden werden und sich auf die Leistung im vollen Umfang beziehen. Mahnt der Gläubiger nur einen Teil an, kommt der Schuldner auch nur mit diesem Teil seiner Leistungspflicht in Verzug. Gemäß § 286 Abs. 1 S. 2 BGB stehen Klageerhebung und Zustellung eines Mahnbescheides einer Mahnung gleich.

Nach § 286 Abs. 2 BGB ist eine Mahnung für die Begründung des Verzuges jedoch entbehrlich:

a) Nr. 1: Die Leistung ist kalendermäßig bestimmt (Bsp.: Bis Ende September 2011).
b) Nr. 2: Die Leistung kann nach einem fälligkeitsbegründendem Ereignis berechnet werden (Bsp.: 7 Tage nach Rechnungslegung)
c) Nr. 3: Der Schuldner verweigert die Leistungserbringung ernsthaft und endgültig (Eine Mahnung wäre dann sinnlos, siehe Parallele in § 281 Abs. 2 BGB).
d) Nr. 4: Der sofortige Verzugseintritt ist aus besonderen Gründen unter Abwägung beiderseitiger Interessen ausnahmsweise gerechtfertigt.

Ferner tritt bei Entgeltforderungen gemäß § 286 Abs. 3 S. 1 BGB spätestens 30 Tage nach Fälligkeit und Zugang einer Rechnung Verzug ein. Gegenüber einem Verbraucher i.S.d. § 13 BGB muss gemäß § 286 Abs. 3 S. 1, 2. HS BGB der Gläubiger jedoch auf diese Rechtsfolge hinweisen.

2. Vertretenmüssen gemäß §§ 276ff. BGB

Ebenso wie in § 280 Abs. 1 S. 2 BGB wird gemäß § 286 Abs. 4 BGB das Verschulden des Schuldners vermutet. Was der Schuldner zu vertreten hat, bestimmt sich nach §§ 276 – 278 BGB (Dazu siehe bereits oben unter III. 1. c)).

3. Rechtsfolge

Die Primärleistungspflicht des Schuldners bleibt beim Verzug (Nichtleistung trotz Möglichkeit) bestehen, ausgenommen der Gläubiger kann gemäß §§ 280 Abs. 3, 281 Schadensersatz statt der Leistung verlangen. Der Anspruch richtet sich auf Ersatz des Verzögerungsschadens. Das ist der Schaden, der eintritt, während der Gläubiger noch auf die Leistung wartet bzw. der auch entsteht, wenn der Schuldner die Leistung noch erbringt (Bsp.: Kosten der Rechtsverfolgung (aber nur, soweit sie nach Verzugseintritt entstanden sind, also nicht die Kosten für ein anwaltliches erstes Mahnschreiben)).

Gemäß § 287 BGB wird der Schuldner bezüglich seiner noch zu erbringenden Leistungspflicht einer Haftungsverschärfung unterworfen. So hat er nach § 287 S. 2 BGB etwa auch eine zufällig eintretende Unmöglichkeit zu vertreten, nur ausgenommen der Schaden wäre auch bei rechtzeitiger Erfüllung entstanden.

§ 288 Abs. 1 BGB sieht vor, dass der Schuldner eine Geldschuld ab dem Tag nach Verzugseintritt in Höhe von 5% über dem Basiszinssatz, bei Geschäften zwischen

Unternehmern im Sinne des § 14 Abs. 1 BGB gemäß § 288 Abs. 2 BGB in Höhe von 8% über dem Basiszinssatz zu verzinsen hat. Beachte: Unabhängig vom Verzug hat der Schuldner gemäß § 291 S. 1 BGB ab Rechtshängigkeit Prozesszinsen zu zahlen, für deren Höhe § 291 S. 2 BGB auf die Regelungen in § 288 BGB verweist.

VI. Gegenleistungspflicht: Unmöglichkeit Im gegenseitigen Vertrag (§ 326 BGB)

Wird der Schuldner bei Unmöglichkeit seiner Leistungspflicht nach § 275 Abs. 1 – 3 BGB frei, verliert er bei einem gegenseitigen Vertrag gemäß § 326 Abs. 1 BGB grundsätzlich seinen Anspruch auf die Gegenleistung, wurde hier doch die Leistung versprochen, um die Gegenleistung zu erhalten. § 275 Abs. 1 – 3 BGB weist also die Leistungsgefahr dem Gläubiger, § 326 Abs. 1 BGB die Gegenleistungs- oder Preisgefahr dem Schuldner zu. Bei einer Teilleistung verbleibt es gemäß § 326 Abs. 1 S. 1, 2. HS BGB korrelierend grundsätzlich bei dem anteiligen Anspruch auf die Gegenleistung. Akzeptiert der Gläubiger die Teilleistung nicht, so kann er unter der Voraussetzung des § 323 Abs. 5 BGB vom ganzen Vertrag zurücktreten, ohne dass es einer Nachfristsetzung bedarf (§ 326 Abs. 5 BGB).

Nach § 326 Abs. 2 BGB tritt eine Befreiung von der Gegenleistungspflicht nicht ein, wenn der Gläubiger das Leistungshindernis selbst allein oder weit überwiegend zu vertreten hat oder wenn er sich in Annahmeverzug befindet (siehe dazu sogleich unter VIII.). Daneben finden sich im Besonderen Schuldrecht weitere Regeln die die Gegenleistungs- oder Preisgefahr auf den Gläubiger überleiten (siehe für den Kaufvertrag §§ 446, 447 BGB (lesen!) und für den Werkvertrag §§ 644, 645 BGB (lesen!)).

Nicht geregelt ist in § 326 Abs. 2 S. 1 BGB der Fall, dass die Unmöglichkeit der Leistungserbringung des Schuldners auf beiderseitigem Verschulden beruht. Man kann jedoch bei Anwendung des § 326 Abs. 1 S. 1 BGB zunächst davon ausgehen, dass der Anspruch auf die Gegenleistung entfällt, beiden Parteien aber ein Schadensersatzanspruch – dem Gläubiger gemäß §§ 280 Abs. 1 u. 3, 283 BGB und dem Schuldner gemäß §§ 280 Abs. 1, 241 Abs. 2 BGB – zusteht, der jeweils um die eigne Schadenquote gemäß § 254 BGB zu kürzen ist.

23

VII. Rücktritt bei Nichtleistung nach §§ 323f. BGB

Leistet der Schuldner nicht, so kann ihn der Gläubiger auf Leistung verklagen. Das Gesetz bietet ihm in § 323 BGB aber auch die Möglichkeit, sich vom Vertrag zu lösen, zurückzutreten. Der Rücktritt kann neben einen Schadensersatz treten (§ 325 BGB).

1. Voraussetzungen

Gemäß § 323 Abs. 1 BGB setzt das Rücktrittsrecht erstens einen gegenseitigen Vertrag, zweitens einen fälligen und durchsetzbaren Anspruch auf Leistungserbringung (Beachte § 320 BGB lesen!) und drittens eine Fristsetzung voraus. Die Regelung verläuft hier weitgehend parallel zu § 281 BGB.

Eine weitere Ausnahme ergibt sich nach § 323 Abs. 4 BGB, wonach der Gläubiger bereits dann zurücktreten darf, wenn sich schon vor Fälligkeit abzeichnet, dass der Schuldner nicht leisten wird ("antizipierter Vertragsbruch").

Beachte: Ein Vertretenmüssen des Schuldners ist anders als beim Schadens- oder Aufwendungsersatzanspruch keine Voraussetzung für den Rücktritt. Ebenso wie in § 326 Abs. 2 BGB der Wegfall der Gegenleistung bei weit überwiegendem Vertretenmüssen des Gläubigers oder im Annahmeverzug ausgeschlossen ist, ist dann jedoch gemäß § 323 Abs. 6 BGB auch ein Rücktritt ausgeschlossen.

Verletzt der Schuldner eine Pflicht nach § 241 Abs. 2 BGB kann der Gläubiger gemäß § 324 BGB entsprechend der Regelung zum Schadensersatz statt der Leistung in § 282 BGB vom Vertrag nur zurücktreten, wenn ihm eine weitere Vertragserfüllung durch den Schuldner unzumutbar ist.

2. Wirkungen des Rücktritts gemäß §§ 346ff. BGB

Folge des Rücktritts ist, dass die Primärleistungspflichten erlöschen und sich das Schuldverhältnis in ein Rückgewährschuldverhältnis umwandelt. Voraussetzung hierfür ist, dass eine vertragliche Vereinbarung oder eine Vorschrift den Rücktritt erlaubt und der Berechtigte ihn gegenüber dem anderen Teil erklärt (§ 349 BGB).

a) Rechtsfolgen

Aus diesem Schuldverhältnis ergeben sich Ansprüche auf Rückgewähr bereits empfangener Leistungen (§ 346 Abs. 1, 1. Alt. BGB) und auf Herausgabe von Nutzungen (§ 346 Abs. 1, 2. Alt. BGB). Soweit einer Partei dies nicht möglich ist, ist sie gemäß §§ 346 Abs. 2, 347 BGB zum Wertersatz verpflichtet.

Gemäß § 100 BGB sind Nutzungen Früchte (§ 99 BGB), welche der Gebrauch einer Sache oder eines Rechts gewährt. § 346 Abs. 1 BGB betrifft nur tatsächlich gezogene Nutzungen, für solche, die hätten erzielt werden müssen, gibt § 347 Abs. 1 BGB einen Anspruch auf Wertersatz.

Der Anspruch auf Wertersatzpflicht entfällt jedoch gemäß § 346 Abs. 3 S. 1 BGB:

aa) Nr. 1: Ein zum Rücktritt berechtigender Mangel hat sich erst bei Umgestaltung der Sache herausgestellt.
bb) Nr. 2: Der Gläubiger des Rückgewähranspruchs hat die Verschlechterung oder den Untergang des zurückzugewährenden Gegenstandes zu vertreten oder er wäre bei ihm ebenso eingetreten.
cc) Nr. 3: Bei einem gesetzlichen Rücktrittsrecht, wenn die Verschlechterung oder der Untergang beim Berechtigen eintritt, der aber die Sorgfalt aufgewandt hat, die er in eigenen Angelegenheiten aufzubringen pflegt (§ 277 BGB lesen!). Der Rücktrittsberechtigte soll in diesem Fall davon ausgehen können, mit dem Gegenstand so wie mit eigenen Sachen verfahren zu können.

b) Pflichtverletzung bei Rückgewähr

Gemäß § 346 Abs. 4 BGB führt eine Pflichtverletzung im Rahmen des Rückgewährschuldverhältnisses ebenfalls zu Ansprüchen auf Schadensersatz gemäß §§ 280 – 283 BGB.

VIII. Gläubigerverzug gemäß §§ 293ff. BGB

Regelmäßig setzt die Erfüllung der Leistungspflicht durch den Schuldner eine Mitwirkung des Gläubigers voraus. Der Schuldner muss dann davor geschützt werden, dass der Gläubiger die Erfüllung vereitelt, indem er die gebotene Mitwirkungshandlung unterlässt. Gemäß § 293 BGB gerät der Gläubiger bei Verletzung seiner Obliegenheiten zur Annahme der Leistung des Schuldners in Gläubigerverzug. Im Gegensatz zum Schuldnerverzug wird hierdurch aber nicht generell ein Schadensersatzanspruch des anderen Teils begründet, sondern der Gläubigerverzug führt zu einer Verschlechterung der Rechtsstellung des Gläubigers. Daher ist kein Verschulden des Gläubigers erforderlich.

1. Voraussetzungen

Der Gläubigerverzug erfordert, dass der Gläubiger die ihm angebotene Leistung nicht annimmt. Ein Angebot liegt gemäß § 294 BGB vor, wenn der Schuldner die vertraglich vereinbarte Leistung am richtigen Ort und zur richtigen Zeit anbietet (siehe dazu bereits oben unter B.). Gemäß § 295 S. 1 BGB genügt lediglich ein wörtliches Angebot, wenn der Gläubiger bereits erklärt hat, er werde die Leistung nicht annehmen, oder eine Mitwirkungshandlung des Gläubigers erforderlich ist. Hier steht die Aufforderung zur Vornahme der Mitwirkungshandlung gemäß § 295 S. 2 BGB dem wörtlichen Leistungsangebot gleich. Eines wörtlichen Angebotes bedarf es gemäß § 296 BGB bei kalendermäßiger Bestimmung oder Bestimmbarkeit der Mitwirkungshandlung des Gläubigers nicht, sofern er seine Handlung nicht rechtzeitig vornimmt.

Dies alles setzt jedoch gemäß § 297 BGB voraus, dass der Schuldner bei Angebotsabgabe zur Leistungserbringung im Stande ist.

2. Rechtsfolgen

Gemäß § 300 Abs. 1 BGB hat der Schuldner für die weitere Leistungserbringung bezogen auf die Hauptleistungspflicht nur noch Vorsatz und grobe Fahrlässigkeit zu vertreten. Gemäß § 300 Abs. 2 BGB geht bei einer Gattungsschuld mit dem Annahmeverzug die Leistungsgefahr auf den Gläubiger über – sofern dies nicht zuvor bereits durch Konkretisierung gemäß § 243 Abs. 2 BGB geschehen ist – und gemäß § 326 Abs. 2 BGB generell die Gegenleistungs- oder Preisgefahr. Der Schuldner hat nach § 304 BGB einen Anspruch auf Ersatz der Mehraufwendungen für das erfolglose Angebot und die Verwahrung der Sache gegen den Gläubiger.

E. Besondere Vertriebsformen und Widerrufsrecht

Bei bestimmten Vertriebsformen sieht das Gesetz für den Verbraucher Schutzvorschriften vor, weil ihm bei Vertragsschluss Informationen fehlen oder er nicht genügend Zeit erhält, um gründlich über seinen Entschluss zum Vertragsschluss nachzudenken. Entsprechend werden hier dem Unternehmer Informationspflichten auferlegt, deren Nichterfüllung zur Nichtigkeit des Vertrags führen, und der Verbraucher erhält ein Widerrufsrecht, mit dem er die Wirksamkeit des Vertrages beseitigen kann.

I. Struktur der gesetzlichen Regelung

Die sachlichen und personalen Anwendungsvoraussetzungen werden speziell für jeden Vertragstyp geregelt. Sofern ein Widerrufsrecht besteht, verweisen die Spezialbestimmungen auf die §§ 355ff. BGB. Für die Rechtsfolgen des Widerrufs verweist § 357 Abs. 1 BGB dann weitgehend auf §§ 346ff. BGB. § 312g BGB sieht ein Abweichungs- und Umgehungsverbot vor. In Übereinstimmung mit europarechtlichen Tendenzen, das verbraucherschützende Widerrufsrecht flankierend durch Informationspflichten zu ergänzen, wurden für den Fernabsatz und im elektronischen Geschäftsverkehr bestimmte Informationspflichten im BGB verankert (§§ 312c Abs. 1 u. 2, 312e Abs. 1 BGB) und im Übrigen nunmehr in Art. 246 EGBGB geregelt.

II. Die einzelnen besonderen Vertriebsformen

1. Haustürgeschäfte gemäß § 312 BGB

Als Haustürgeschäfte legaldefiniert das Gesetz in § 312 Abs. 1 Nr. 1–3 BGB entsprechend dem Zweck, den Verbraucher bei Vertragsschlüssen an Orten zu schützen, an denen er leicht überrumpelt werden kann, den Vertragsschluss in der Privatwohnung und am Arbeitsplatz, auf im Interesse eines Unternehmers durchgeführten Freizeitveranstaltung und in Verkehrsmitteln oder im Bereich öffentlich zugänglicher Verkehrsflächen. Bei Stellvertretung kommt es demnach darauf an, ob sich der Stellvertreter in der Haustürsituation befindet.

a) Personale Voraussetzung ist ein Vertrag zwischen Verbraucher (§ 13 BGB) und Unternehmer (§ 14 Abs. 1 BGB).

b) Sachliche Voraussetzungen ist neben der genannten örtlichen „Gefahrensituation", dass der Vertrag eine entgeltliche Leistung zum Gegenstand hat und keine Ausnahme gemäß §§ 312 Abs. 3 oder 312a BGB vorliegt. § 312 Abs. 3 BGB sieht in Nr. 1–3 spezielle Ausnahmen für Versicherungsverträge (hier gibt es eine spezielle Regelung in § 8 Abs. 4 u. 5 VVG), bei vorheriger Bestellung durch den Verbraucher, bei Bargeschäften von unter 40,00 € und bei notarieller Beurkundung vor. Nach den Vorgaben des

Europäischen Gerichtshofs (EuGH) musste die Fassung des § 312a BGB in der Form des Gesetzes zur Modernisierung des Schuldrechts, die den Vorrang anderer Verbraucherschutzvorschriften vorsah, sobald deren Anwendungsbereich eröffnet war, bereits durch Art. 25 I Nr. 16 des Gesetzes zur Änderung der Vertretung durch Rechtsanwälte vor den Oberlandesgerichten vom 23.07.2002 dahingehend geändert werden, dass diese ein Widerrufs- oder Rückgaberechts statuieren (EuGH v. 13.12.2001 – Rs. C-481/99, NJW 2002, 281 – Heininger).

2. Fernabsatzverträge gemäß §§ 312b-g BGB

a) Anwendungsvoraussetzungen

aa) Personale Voraussetzung ist auch hier ein Vertrag zwischen Verbraucher (§ 13 BGB) und Unternehmer (§ 14 Abs. 1 BGB).

bb) Sachliche Voraussetzung ist das Vorliegen eines Fernabsatzvertrages. Das sind nach der Legaldefinition des § 312b Abs. 1 BGB Verträge über die Lieferung von Waren oder die Erbringung von Dienstleistungen, die ausschließlich unter der Verwendung von Fernkommunikationsmitteln geschlossen werden. Fernkommunikationsmittel werden von § 312b Abs. 2 BGB definiert als sämtliche Kommunikationsmittel, die die gleichzeitige körperliche Anwesenheit der Vertragsparteien entbehrlich machen, wofür am Ende der Vorschrift einige Beispiele aufgezählt werden (nachlesen!). Demnach müssen also Angebot und Annahme unter Abwesenden erklärt werden. In § 312b Abs. 3 BGB werden bestimmte Vertragstypen und Abschlussformen von der Anwendung der Schutzvorschriften ausgenommen.

b) Informationspflichten bei Fernabsatzverträgen gemäß § 312c BGB

Für den Inhalt der Informationspflichten verweist § 312c Abs. 1 BGB auf Art. 246 EGBGB. Systematisch werden dabei die unterschiedlichen Phasen von der Vertragsanbahnung bis zur Vertragsdurchführung unterschieden. Im Einzelnen gelten:

aa) Informationspflichten bei Kontaktaufnahme mittels Telefon (§ 312c Abs. 2 BGB)

bb) Vorvertragliche Informationspflichten gemäß § 312c Abs. 1 BGB i.V.m. Art. 246 § 1 EGBGB.

cc) Nachvertragliche Informationspflichten gemäß § 312c Abs.1 BGB i.V.m. Art. 246 § 2 S. 1 Nr. 2 u. S. 2 EGBGB). Der Zweck der nach Vertragsschluss zu erfüllenden Informationspflichten ist es, dem Verbraucher die Verfolgung seiner Rechte und insbesondere die Entscheidung über die Ausübung des Widerrufsrechts zu erleichtern.

Für den Vertragsschluss im elektronischen Geschäftsverkehr (e-commerce) sehen § 312e Abs. 1 BGB und Art. 246 § 3 EGBGB vor.

III. Einheitliches Widerrufsrecht gemäß §§ 355ff. BGB

1. Voraussetzungen

Die dargestellten verbraucherschutzrechtlichen Vorschriften regeln jeweils die Voraussetzungen des Widerrufsrechts. Seine Ausübung und Rechtsfolgen sind einheitlich in den §§ 355ff. BGB geregelt. Überschneidungen bestehen lediglich bei der Berechnung der Widerrufsfrist. § 355 Abs. 2 u. 4 BGB enthalten hier die allgemeine Regel, die durch spezielle Vorschriften des jeweiligen Vertragstypus modifiziert werden können.

Bis zur Ausübung des Widerrufsrechts ist der Vertrag wirksam, sodass der Verbraucher einen Erfüllungsanspruch hat. Durch die Erklärung des Widerrufs wird der Vertrag ex nunc in ein Rückgewährschuldverhältnis umgewandelt.

Damit ergibt sich folgendes Prüfungsschema:

a) Das Bestehen eines Widerrufsrechts ergibt sich aus den jeweiligen Bestimmungen über die besondere Vertriebsform.

b) Der Verbraucher muss zur Ausübung seines Gestaltungsrechts gemäß § 355 Abs. 1 S. 2 BGB eine Widerrufserklärung in Textform (Legaldefinition in: § 126b BGB) oder durch Rücksendung der Sache abgeben. Die Verwendung des Begriffs „Widerruf" oder eine Begründung sind nicht erforderlich, es muss lediglich deutlich werden, dass sich der Verbraucher vom Vertrag lösen will.

c) Der Widerruf muss fristgemäß grundlegend in der Widerrufsfrist nach § 355 Abs. 1 S. 2 BGB innerhalb von zwei Wochen abgegeben werden, wofür die rechtzeitige Absendung zur Fristwahrung genügt. Der Lauf dieser Frist setzt jedoch gemäß § 355 Abs. 3 S. 1 BGB voraus, dass der Verbraucher in einer den Anforderungen des § 360 BGB genügenden Textform über sein Widerrufsrecht belehrt worden ist und er bei schriftlich abzuschließenden Verträgen seinen schriftlichen Antrag und eine Vertragsurkunde jeweils im Original oder in Abschrift erhalten hat (§ 355 Abs. 2 S. 3 BGB). Gemäß § 360 Abs. 3 S. 1 BGB genügt die Widerrufsbelehrung durch den Unternehmer den Anforderungen, wenn er hierfür das Muster der Anlage 1 zum EGBGB in Textform verwendet. Bei fehlender oder nicht ordnungsgemäßer Widerrufsbelehrung besteht das Widerrufsrecht gemäß § 355 Abs. 4 S. 3 BGB unbefristet.

2. Rechtsfolgen

Für die Rechtsfolgen des Widerrufs verweist § 357 Abs. 1 S. 1 BGB auf die Vorschriften über den gesetzlichen Rücktritt gemäß §§ 346ff. BGB, soweit sich nicht aus § 357 BGB etwas anderes ergibt. Sofern es gesetzlich vorgesehen ist, kann der Unternehmer gemäß § 356 Abs. 1 S. 1 BGB bei Vertragsschluss das Widerrufsrecht durch ein für ihn günstigeres Rückgaberecht ersetzen.

IV. Verbundene Verträge gemäß §§ 358ff. BGB

Hat ein Verbraucher zur ganzen oder teilweisen Finanzierung des anderen Vertrages ein Darlehensvertrag geschlossen, sind beide Verträge gemäß § 358 Abs. 3 S. 1 BGB als ein verbundenes Geschäft anzusehen, wenn sie eine wirtschaftliche Einheit bilden. Eine solche wirtschaftliche Einheit ist nach § 358 Abs. 3 S. 2 BGB immer dann anzunehmen, wenn der Unternehmer die Gegenleistung selbst finanziert oder bei dem Abschluss des Darlehensvertrags mitwirkt. Die besondere Rechtsfolge bei einem danach verbundenen Geschäft ist gemäß § 358 Abs. 1 BGB, dass der Verbraucher bei Ausübung seines Widerrufsrechts auch an den damit verbundenen Verbraucherdarlehensvertrag nicht mehr gebunden ist. Dasselbe gilt umgekehrt gemäß § 358 Abs. 2 BGB bei Widerruf des Verbraucherdarlehensvertrages. Daher kann sich in dieser Situation der Verbraucher auch von einem für sich genommen unwiderruflichen Vertrag lösen. Darüber hinaus kann der Verbraucher im Wege des sog. Einwendungsdurchgriffs gemäß § 359 Abs. 1 S. 1 BGB seine Einwendungen aus dem verbundenen Vertrag auch gegenüber dem Anspruch auf Rückzahlung des Darlehens geltend machen, soweit nicht ein Ausschluss gemäß § 359 Abs. 1 S. 2 BGB vorliegt.

Auch wenn die Voraussetzungen eines Verbundgeschäftes nicht vorliegen, findet seit dem 11.06.2010 gemäß § 359a Abs. 1 BGB die Vorschrift § 358 Abs. 1 und 4 BGB entsprechende Anwendung, wenn die Ware oder die Leistung des Unternehmers aus dem widerrufenen Vertrag in einem Verbraucherdarlehensvertrag genau angegeben ist. Ferner ist gemäß § 359a Abs. 2 BGB die Vorschrift des § 358 Abs. 2 und 4 BGB auf Verträge über Zusatzleistungen anzuwenden, die der Verbraucher im unmittelbaren Zusammenhang mit dem Verbraucherdarlehensvertrag geschlossen hat (Bsp. Restschuldversicherung). Gemäß § 359a Abs. 3 BGB entfällt dieser Schutz bei Verbraucherdarlehensverträgen, die der Finanzierung des Erwerbs von Finanzinstrumenten dienen.

V. Besonderheiten des Widerrufsrechts beim Verbraucherdarlehensvertrag

Entscheidende Bedeutung hat bei dem Verbraucherdarlehensvertrag das dem Verbraucher als Darlehensnehmer gewährte Widerrufsrecht gemäß §§ 495 Abs. 1, 355 BGB. Durch das Widerrufsrecht soll dem Verbraucher wegen der erheblichen wirtschaftlichen Bedeutung eines Darlehensvertrages die Möglichkeit gegeben werden, den Vertragsschluss noch einmal in Ruhe zu überdenken und sich ggf. vom Vertrag zu lösen.

Der Widerruf muss fristgemäß grundlegend auch hier in der Widerrufsfrist nach § 355 Abs. 1 S. 2 BGB innerhalb von zwei Wochen abgegeben werden, wofür die rechtzeitige Absendung zur Fristwahrung genügt. Der Lauf dieser Frist setzt jedoch voraus, dass der Verbraucher gemäß der speziellen Vorschrift des § 495 Abs. 2 Nr. 1 BGB in Form der Pflichtangabe nach Art. 247 § 6 Abs. 2 EGBGB über sein Recht belehrt worden ist. Darüber hinaus ist für den Beginn der Widerrufsfrist nunmehr gemäß § 495 Abs. 2 Nr. 2 BGB der Vertragsabschluss sowie die Übergabe der Pflichtangaben nach § 492 Abs. 2 BGB maßgeblich. Die bisher in der BGB-InfoVO enthaltenen Regelungen und Muster für Widerrufsbelehrungen werden in das EGBGB (Art. 246 Anlagen 1 und 2) überführt und erlangen somit Gesetzesrang. Die Musterwiderrufsbelehrungen für Verbraucherdarlehensverträge findet sich seit dem 30.07.2010 in Anlage 6 EGBGB. Bei fehlender oder nicht ordnungsgemäßer Widerrufsbelehrung besteht das Widerrufsrecht gemäß § 355 Abs. 3 S. 3 BGB unbefristet. Damit kann der Verbraucher als Darlehensnehmer bei einer unterlassenen oder mangelhaften Widerrufsbelehrung den Darlehensvertrag zeitlich unbegrenzt widerrufen. Die Widerrufsbelehrung kann jedoch gemäß § 492 Abs. 6 BGB nachgeholt werden, wodurch dann eine Frist von einem Monat in Gang gesetzt wird, auf die der Darlehensnehmer hinzuweisen ist.